DESCRIPTION

HISTORIQUE ET TOPOGRAPHIQUE

DE LA GRANDE ROUTE

DE PARIS A REIMS,

*Avec le Plan de cette dernière Ville,
orné d'Allégories ;*

DÉDIÉE ET PRÉSENTÉE

AU ROI,

Par Dom G. COUTANS, Bénédictin,
de la Congrégation de Saint Maur.

A PARIS,

Chez VENTE, Libraire, Montagne Ste Geneviève.
Et VIGNON, Marchand de Cartes Géographiques,
rue Dauphine.

M. DCC. LXXV.

Description du Frontispice. Le Roy part de son Palais Vêtu, et dans un Char à l'antique. La Sagesse sous la figure de Minerve l'accompagne dans sa Route. Le Char est traîné par deux vigoureux Coursiers que deux Pages conduisent. Des Amours sément des fleurs sur cette Route, tandis que la Renommée publie partout l'objet de ce voyage.

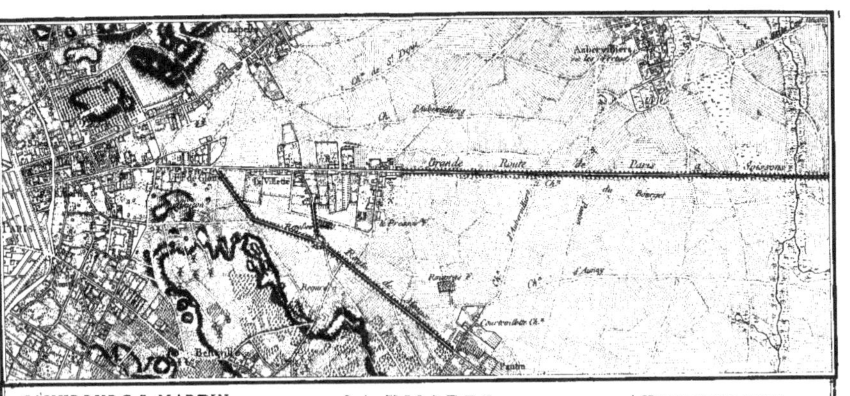

FAUXBOURG S. MARTIN.

Ce Fauxbourg eſt celui par lequel on ſort de Paris pour les Routes de Picardie , Flandres & la Brie. Il perd deux fois ſon nom juſqu'à ce qu'on ſoit arrivé à la Villette. Il porte d'abord le nom de S. Martin, depuis la Porte de ce nom juſqu'à la première Barrière connue ſous le nom de *Laiſſez-paſſer*. Là il prend celui de S. Laurent, à cauſe de la Paroiſſe de ce nom qui eſt très-conſidérable. Enfin, à la hauteur de Sainte-Perinne il prend celui de Fauxbourg de Gloire, qu'il perd à l'embranchement de la Route de Meaux & de la Brie. Ces trois Fauxbourgs réunis, ont une étendue conſidérable. Ils ſont bornés à droite par celui de S. Denis, & à gauche, par celui du Temple. Entre ce dernier, il y a un Établiſſement de la piété & de la charité de nos Rois, c'étoit une dépendance de l'Hôtel-Dieu de Paris, deſtiné, dans l'origine, à y mettre ceux des malades qui pouvoient être attaqués d'épidémie ; aujourd'hui, depuis le malheureux incendie de l'Hôtel-Dieu, on y reçoit les malades indiſtinctement.

LA VILETTE.

C'eſt le premier Village à travers lequel on paſſe en ſortant de Paris pour aller ou en Flandres ou en Picardie. On ajoutoit autrefois à ſon nom celui de S. Lazare, pour le diſtinguer d'un autre laVillette qui n'en étoit pas éloigné. C'étoit une dépendance du fameux Hôpital de S. Lazare, établiſſement ſi utile au Public, fondé au douzième ſiècle, par la piété & la charité de la Reine Adélaïde, épouſe de Louis-le-Gros ; il a été converti en une grande & immenſe maiſon qui ſert de chef-lieu à une Congrégation de Prêtres deſtinés à faire des miſſions, particulièrement dans les endroits où il y a des fondations pour cet objet ; c'eſt ce qui leur a fait donner le titre de Prêtres de la miſſion de S. Lazare, pour les diſtinguer de ceux de la miſſion de la Doctrine Chrétienne. Par la ſuite, l'immenſité de leur maiſon, & la force dont elle eſt bâtie, l'a fait enviſager comme pouvant ſervir de maiſon de correction, ce qui leur procure un grand revenu. Ce fut en 1632 qu'ils s'accommodèrent avec les Chanoines Réguliers, moyennant des penſions, & qu'ils devinrent propriétaires de cet établiſſement. La Cure de la Villette qui étoit deſſervie par un Chanoine Régulier, l'eſt encore aujourd'hui, & la nomination en eſt demeurée aux Lazariſtes, qui ſont en même-temps Seigneurs de la partie droite du Village ; la partie gauche eſt de la Cenſive de S. Denis.

AUBERVILLIERS.

Ce Village, qui eſt pareillement connu ſous la dénomination de Notre-Dame des Vertus, eſt à 500 toiſes environ de la grande Route. Il eſt très-conſidérable, & le premier après la Banlieue dans la Plaine de S. Denis. La qualité de ſon terroir n'a pas permis aux habitans d'y cultiver de la vigne ; ils ont conſidéré que les légumes pouvoient leur être d'un produit plus conſidérable , à cauſe de la proximité de Paris. Auſſi ont-ils cultivé preſque toutes leurs terres , en raiſon de cette conſidération, & on peut dire que le ſuccès a répondu à leur attente.

La Paroiſſe eſt en très-grande réputation, depuis 1338 , à cauſe de l'Image de la Vierge, qui y attire un grand concours de monde, ſur-tout le ſecond Mardi du mois de Mai. Cette Paroiſſe eſt deſſervie par des Prêtres de l'Oratoire, qui y font le ſervice avec toute la décence que ce Corps ſavant & reſpectable met à tout ce qui a trait au Culte Divin. Les habitans ſont tous très-laborieux.

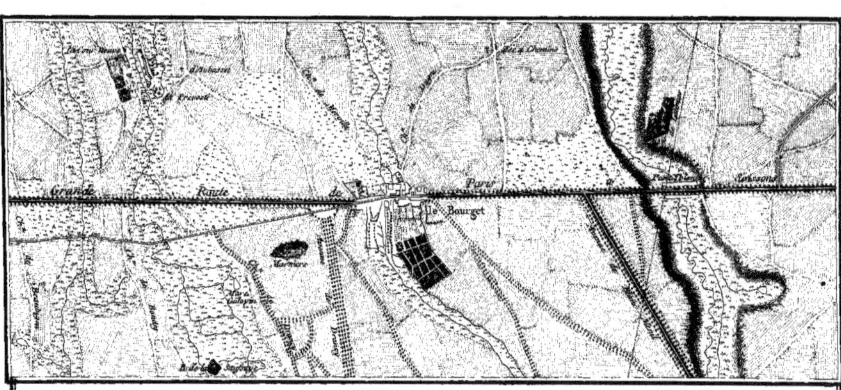

LA COUR-NEUVE.

C'est un Village à deux lieues de Paris, partie dans une plaine, & partie dans une prairie arrofée par une branche de la Rivière du Crould, ainfi que de quelques fources qui viennent de Baubigni & de Drancy, le tout à une diftance peu éloignée de S. Denis. Cette pofition rend l'endroit très-avantageux au labourage. La Ferme qui eft à côté, que l'on appelle la Prévôté, eft confidérable, & appartient à l'Abbaye de Saint-Denis, qui nomme à la Cure du lieu. L'Églife a pour Patron Saint-Lucien; fa grandeur femble être proportionnée au nombre des habitans, qui ne monte pas à 600.

Cette Églife n'eft bâtie que depuis les premières guerres de Religion. Elle a été fubftituée à la Chapelle d'un Hermitage qui exiftoit alors, ce qui en diminua la dépenfe. En effet, elle eft conftruite dans un lieu folitaire, couverte d'une charmille très-haute, plantée d'une forme circulaire. Ce Village eft de la Cenfive de Saint-Denis.

LE BOURGET.

Ce Village, ou plutôt ce Hameau, qu'on nomme en Latin *Burgellus*, n'a qu'une feule rue, qui eft la grande Route, tellement qu'il femble que les habitations ont été faites le long de cette grande Route. Sa fituation eft entre les grandes avenues de Drancy & de Blanc-Mênil. Quoique ce Hameau foit affez proche de l'un & de l'autre endroit que l'on vient de nommer, cependant il eft fur le Territoire de Dugni dont il dépend. Il y avoit autrefois à l'extrémité de ce lieu, une Églife du titre de S. Nicolas, qui étoit Succurfale de Dugni; mais tombée par caducité, elle fut interdite en 1734. L'Office ayant été transféré ailleurs, cela devint d'une très-grande incommodité pour les habitans. Madame Mirey, dont le mari avoit été Receveur des Confignations, & Seigneur en partie du lieu, touchée de la fituation où les habitans fe trouvoient pour l'Office Divin, contribua, en très-grande partie, à la reconftruction de cette Églife. Ce Hameau n'eft pas bien confidérable, puifqu'il ne contient que 65 feux environ. Il y avoit autrefois une Léproferie au Bourget, mais les biens ont été unis à l'Ordre du Mont-Carmel. C'eft le lieu où l'on trouve la première Pofte en fortant de Paris.

PONT-YBLON.

Cet endroit donne le nom au Pont que l'on a été obligé de bâtir, pour laiffer un paffage libre au Ruiffeau qui vient de Blanc-Mênil, & qui va fe jeter dans la petite Rivière du Crould. Il y avoit là autrefois un Hameau portant le nom d'Yblon, où le Prieuré de Saint-Martin-des-Champs avoit une Ferme & des Terres au commencement du douzième fiècle. On affure que fur la fin du dernier, on a trouvé dans les terres, fur la partie gauche du Pont, des cercueils de plomb, & ce à cent pas du grand chemin. On ne peut concevoir comment cet Établiffement formé a ceffé d'être habité, & il ne nous eft encore rien parvenu de relatif à cette deftruction entière.

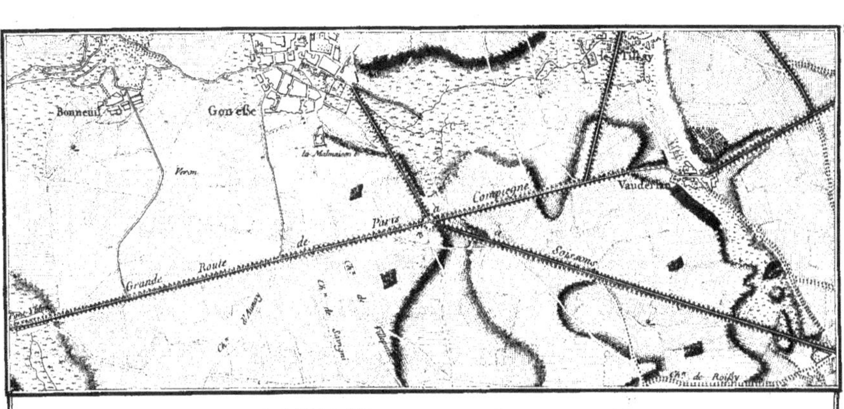

BONNEUIL.

C'est un Village situé à 3 lieues environ de Paris, en face d'Arnouville. Il est placé sur la rive droite de la petite Rivière du Crould. Ce terroir est excellent, comme tout celui qui avoisine Gonesse. Sa position est des plus avantageuses pour la culture des terres, d'autant mieux que l'on y trouve suffisamment de pâturages pour les bestiaux, ce qui le fait rechercher par les Fermiers.

L'Église de la Paroisse est dédiée à S. Martin, & la nomination à la Cure appartient au Chapitre de Notre-Dame de Paris. La Terre relève en arrière-fief de l'Archevéché. Cette Seigneurie appartient à Madame la Présidente de Crèvecœur, comme héritière de la famille de Harlay.

GONESSE.

Bourg de France à 4 lieues de Paris, qui a le titre de Prévôté & Châtellenie Royale, étant du Domaine du Roi. Sa position est sur la Rivière du Crould, qui le sépare en deux. Ce Bourg a toujours été très-considérable, à en juger par les deux Paroisses qui y sont, & qui sont connues depuis son origine, l'une sous le titre de S. Nicolas, & l'autre du titre de S. Pierre. Elles sont toutes les deux à la nomination du Prieur de Deüil. L'Hôtel-Dieu, qui est desservi par des Jacobins, a été fondé en 1210, par Pierre du Tillay, qui y donna tout son bien pour l'entretien des pauvres malades. Les habitans qui ont de tout temps été très-laborieux, se sont quelquefois ressentis de la libéralité de nos Rois. Leur premier commerce a été en draps & en peaux. Il a même été un temps où on usoit presque par-tout du drap de Gonesse ; mais ayant considéré que la culture de la terre pouvoit être plus lucrative, ils ont converti leurs moulins à draps en d'autres pour la farine. Philippe-Auguste est né à Gonesse, c'est pour quoi il a été quelquefois appelé Philippe de Gonesse.

LE TILLAY.

Ce Village est pareillement situé sur le bord du Crould, dans un vallon très-agréable, à 4 lieues & un quart de Paris. Outre les prairies & les terres de labour qui font le plus fort commerce du pays, il y a des cantons très-considérables propres pour la culture de la vigne ; toutes les maisons sont ramassées autour de l'Église, ensorte qu'il n'y a d'écart pour cette Paroisse que le moulin Nadras, qui est au midi du Village. On prétend qu'il y a eu des années où on a récolté au Tillay plus de 800 muids de vin.

Le Patron de la Paroisse est S. Denis, & la nomination de la Cure appartient à l'Archevêque de Paris.

Au château qui est très-simple, est jointe une garenne qui est considérable ; ils appartiennent l'un & l'autre à M. le Comte Dupla, qui est Seigneur du lieu.

VAUDERLAN.

Village dans un petit vallon sur le grand chemin de Paris à Senlis. Il n'étoit autrefois qu'un Hameau, dépendant, quant au spirituel, de la Paroisse de Roissy, lorsqu'Odon, Évêque de Paris, le céda aux Religieux de Sainte-Geneviève ; il déclara qu'il leur seroit libre d'y bâtir une Chapelle.

En 1205, les Religieux de Sainte Geneviève remirent à l'Évêque & la Chapelle qu'ils y avoient fait bâtir, & le droit qu'ils avoient dessus. Il la donna au Prieur & Religieux de Deüil, à la condition que le Prêtre de Gonesse qui seroit à leur présentation, gouverneroit le peuple & recevroit les droits Curiaux. Cette Cure est à la nomination du Prieur de Deüil, & le Roi est Seigneur du Village.

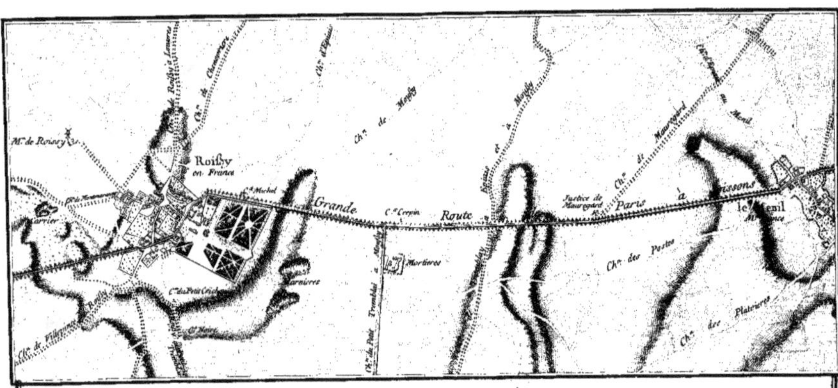

ROISSI, EN FRANCE.

LA situation du Village de Roissy est dans un vallon fort évasé. Ce Village n'a d'autre couvert que celui des avenues qui sont plantées aux environs. Il ne laisse pas cependant d'être bien recherché par les cultivateurs, quoiqu'il n'y ait presque pas de pâturage dans les environs; le terroir est excellent pour le labourage. Il peut y avoir dans le Village environ 180 feux, qui sont tous rassemblés sur le coteau qui va en pente douce d'Orient en Occident.

Le Patron de la Paroisse est St. Eloy. Ste Geneviève nomme à la Cure.

Il y a un château considérable & fort ancien qui appartient à M. le Comte de Caraman; le parc est totalement fermé de murs & contient au moins 100 arpens; il seroit à souhaiter, pour rendre ce château complet, qu'il pût y avoir des eaux, mais la position du lieu ne le permettant pas, cet agrément lui manque absolument. Il y a une foire à Roissy qui se tient annuellement à la Toussaint.

MORTIERES.

C'EST une ferme des plus considérables des environs de Roissy. Elle appartient aux Seigneurs de Roissy, qui l'ont construite hors du Village, afin que l'exploitation des terres s'en fit avec plus de facilité.

LE MESNIL, Madame RANCE.

Voyez à la Page suivante.

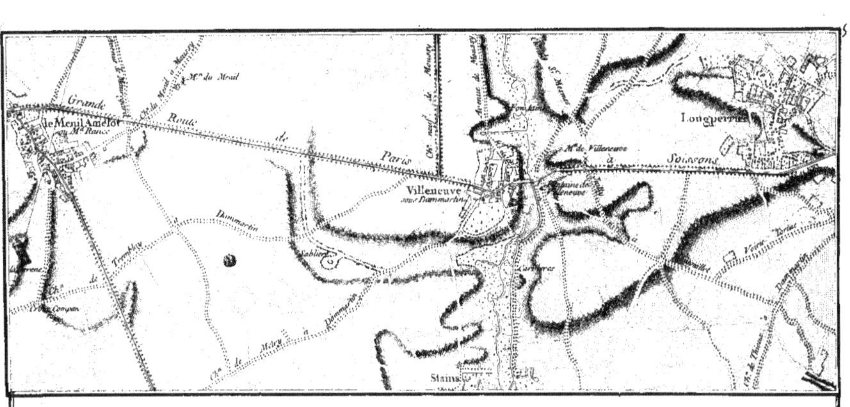

LE MÊNIL AMELOT,
OU LE MÊNIL Madame RANCE.

C'EST un Village du Diocèse de Meaux, dans une position qui réunit assez tous les objets propres à la bonne culture, y ayant suffisamment de prairies pour la nourriture des bestiaux. Cette Terre, qui appartient aujourd'hui à M. le Président Desvieux, est assez considérable, puisqu'on y compte plus de 150 feux, ce qui fonne un capital d'habitans qui monte à près de 500.

Le Patron de la Paroisse est S. Martin, & M. l'Évêque de Meaux nomme à la Cure, qui vaut 1500 liv.

La plus forte partie du Village est portée sur la droite du grand chemin de Soissons, & sur celui qui va à Meaux.

VILLENEUVE sous DAMMARTIN.

LA DISTANCE de ce Village à Paris est de 6 lieues; il est du Diocèse de Meaux, & dans une position tout-à-fait marécageuse, à cause des petites sources qui y abondent de tous les côtés. C'est ce qui a fait prendre le parti de faire un redressement à une sorte de canal qui longe le Village, pour donner un écoulement plus prompt aux eaux qui font dans le vallon, & rendre, par ce moyen, plus de terres à l'agriculture.

Le sol de la terre est excellent pour le bled; la Paroisse a pour Patron S. Pierre; & la Cure, qui vaut environ 1200 liv. est à la nomination de l'Évêque de Meaux.

La Dame du lieu est Madame de Villeneuve, qui y a un Château qui n'est pas considérable, le Village ne l'est pas non plus, puisqu'il ne consiste qu'en 80 feux environ, ce qui peut former un capital de 300 habitans.

LONGPÉRIER.

C'EST un Village à côté de la grande Route, entouré de marais presque de tous les côtés. Sa position est beaucoup plus saine que celle de Villeneuve, parce qu'il y a moins d'eaux stagnantes, n'y ayant autour du Village & dans l'arrondissement de la Seigneurie, qu'une fontaine qui est assez éloignée. Le terroir est propre au labour. Ce Village appartient à S. A. S. M.gr le Prince de Condé. On y compte 150 feux, ou environ 550 habitans.

La Patrone de la Paroisse est la Madeleine; c'est un Prieuré-Cure, auquel nomme l'Administration du Collége de Louis-le-Grand, représentant les Jésuites, auxquels l'Abbaye de S. Martin-aux-Bois étoit unie.

Le produit de cette Cure, qui est du Diocèse de Meaux, est d'environ 1200 liv.

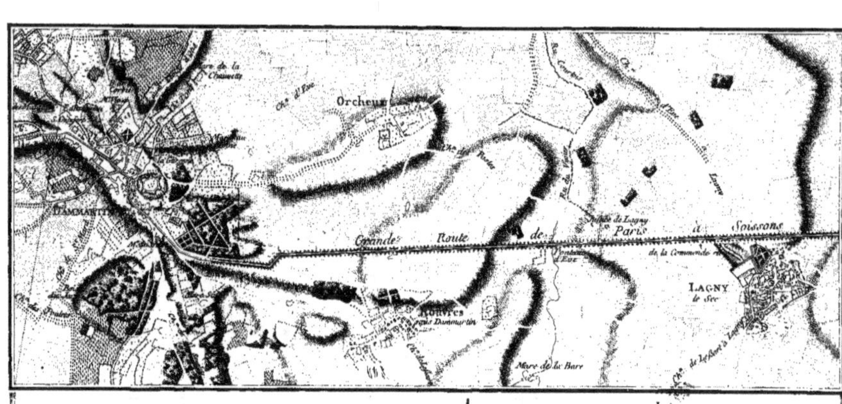

DAMMARTIN.

C'est un Bourg confidérable du Diocéfe de Meaux, fur une éminence & fur la grande Route de Paris, dont il eft éloigné de 7 lieues. On y voit encore les reftes de fon Château qui étoit très-fort, & dont la vue n'eft limitée par aucun objet.

Dammartin a eu une fuite confidérable de Comtes, dont le premier vivoit au dixième fiècle. A la mort du Duc de Monmorency, ce Comté fut réuni au Domaine de la Couronne; & à la mort de Louis XIII, la Reine d'Autriche le donna au Grand-Condé; cette donation fut confirmée par un article particulier du Traité des Pyrénées. Il appartient aujourd'hui à S. A. S. Mgr le Prince de Condé. On y compte environ 500 feux. Il y a à Dammartin un petit Chapitre, compofé d'un Doyen & de 6 Chanoines; l'un d'eux eft Génovéfain; il eft le feul qui ait une Maifon Canoniale. Ce Chapitre a été fondé par Antoine de Chabannes, dont le tombeau eft au milieu du Chœur. Il a voulu que le revenu des Chanoines, qui eft de 1000 liv. environ, fût tout en diftribution quotidienne. Il y a, en outre, une Chapelle en titre, qui vaut 450 liv. Mgr le Prince de Condé nomme aux Canonicats, & le Chanoine de femaine nomme à la Chapelle. Indépendamment du Chapitre, il y a une Paroiffe du titre de S. Martin, qui étoit autrefois un Prieuré fimple. Elle eft deffervie par un Génovéfain. On ne peut fixer la date de la réunion de ce Prieuré, qui a fa petite juftice particulière. L'Adminiftration de Louis-le-Grand nomme à cette Cure, à caufe de S. Martin-aux-Bois. Il y a à Dammartin un Hôpital fondé pour quatre lits d'hommes & autant de femmes. Le Bailliage eft dans l'étendue du Reffort du Châtelet de Paris, & fes appels reffortiffent au Parlement.

Il fe tient à Dammartin une Foire tous les ans le 6 Décembre, & deux Marchés par femaine, les Lundi & Jeudi, où les Boulangers de Paris viennent s'approvifionner de bled.

ROUVRES fous Dammartin.

C'eft un Village à côté de la grande Route, dont il eft éloigné environ de 500 toifes; le fol participe de celui appelé France, c'eft-à-dire, qu'il eft de rapport pour le bon bled. Il réunit l'avantage d'avoir quelques prairies, vu fa pofition, qui eft dominée par quelques élevations montagneufes. Ce Village n'eft pas bien confidérable. Il eft du Diocéfe de Meaux, & l'Églife a pour Patron S. Pierre. C'eft un Prieuré-Cure dépendant de l'Abbaye de Saint-Martin-aux-Bois, dont la nomination appartient à l'Adminiftration du Collége de Louis-le-Grand, repréfentant les Jéfuites, à qui la Manfe Abbatiale dudit S. Martin étoit réunie, pour être employée au Collége.

LAGNI le fec.

Ce Village eft encore un de ceux de la Route de Soiffons qui font du Diocéfe de Meaux. Sa fituation eft très-avantageufe pour le labourage. Il eft entre deux coteaux, ce qui lui procure la facilité des prairies qui font d'une grande reffource pour les beftiaux. On y compte environ 120 feux, ou à-peu-près 400 habitans. Il y a une Commanderie de l'Ordre de Malthe, qui eft poffédée par M. le Bailli de Vignacourt, qui y a une habitation affez confidérable Les Patrons de la Paroiffe font S. Pierre & S. Paul, & la Cure, qui peut valoir 1500 liv. eft à la nomination du Prieur de Saint-Chriftophe d'Halliate.

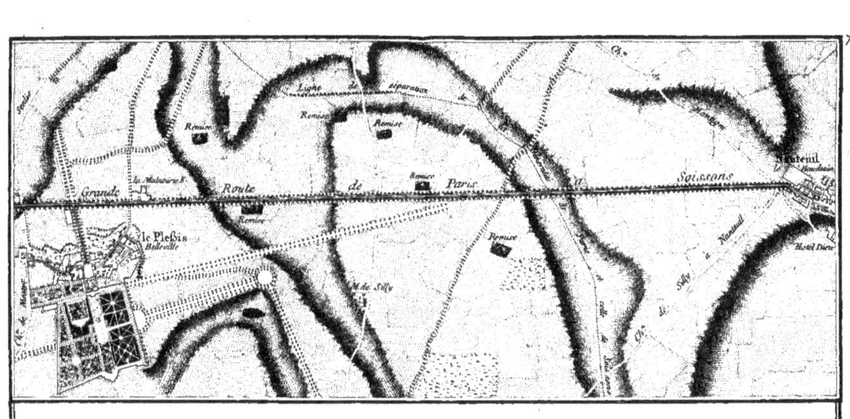

LE PLESSIS BELLEVILLE,
OU LE PLESSIS LA MARCHE.

CE VILLAGE, qui est dans une situation des plus agréables, a mérité que les Seigneurs à qui il a appartenu, y fixassent leur séjour. C'est ce qui a excité les premiers à y bâtir le grand & magnifique Château qui y est. Son Parc est considérable & très-bien dessiné. Il appartient aujourd'hui à S. A. S. Monseigneur le Comte de la Marche. L'honneur d'avoir un Prince du Sang pour Seigneur, a porté les Habitans à changer la dénomination de *Belleville* en celui *de la Marche*. Le Village n'est pas bien fort, puisqu'il ne contient que 80 feux, ou 250 Habitans.

Le Patron de la Paroisse est St Jean-Baptiste, & la nomination à la Cure appartient au Prieur de St Christophe d'Hallate : cette Cure peut valoir 1200 liv.

Le territoire est excellent pour le labourage.

NANTEUIL LE HAUDOUIN.
Voyez la page suivante.

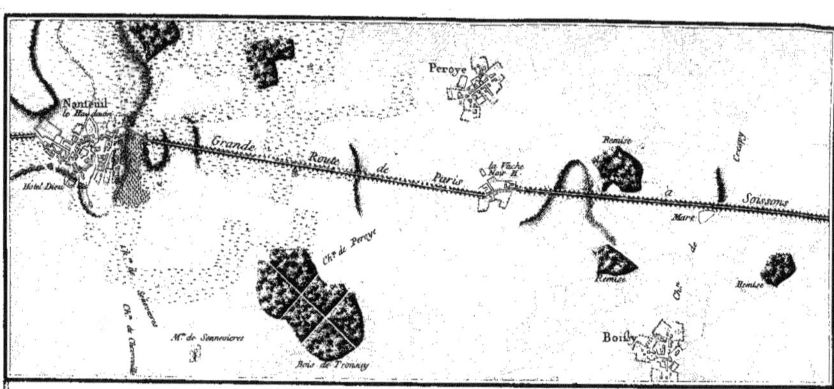

NANTEUIL LE HAUDOUIN.

GROS BOURG de l'Isle de France , dans le Duché de Valois , à dix lieues de Paris , sur la route de Soissons. On assure que ce lieu est connu depuis le septième siècle. Ce qui est certain , c'est qu'il existoit avant l'Ordre de Clugny, & qu'il y a eu un Monastère de Colombanistes, comme à Luxeuil. La preuve en résulte de la donation que S. Valbert fit à l'Abbaye de Bour-gueil , des biens qu'il avoit à Nanteuil , d'où il faut inférer que l'Ordre de Clugny fut enté sur celui de Luxeüil. L'Eglise du Prieuré est fort ancienne , & on voit au côté droit le beau mausolée du Maréchal de Schomberg. L'Eglise, dont le Portail est orné de deux tours, est dédiée à S. Pierre , & la Cure est à la nomination du Prieur. C'est l'Abbé de Clugny qui confère de plein droit le Prieuré , qui est desservi par les Bénédictins Réformés de cet Ordre , qui l'ont rebâti depuis leur introduction.

Nanteuil est le titre d'un Doyenné rural du Diocèse de Meaux, qui fut érigé en 1730. Le Château Seigneurial est régulier & bien situé. Il a appartenu autrefois au Maréchal d'Estrées. La Justice de Nanteuil ressortissoit autrefois à Pierrefond , mais elle en fut démembrée en 1354, & attribuée à Senlis. Le surnom de Nanteuil *le Haudouin* lui vient d'un nommé Hilduin , à qui il a appartenu anciennement.

PEROYE.

C'EST un Village à une lieue de Nanteuil, & à 500 toises environ de la grande route. Il ne paroît pas considérable, peut-être à raison de la qualité du sol qui est sablo-neux. Il y avoit dans les environs quelques landes qui ont été long temps sans être défrichées. Le Hameau de *la Vache Noire* qui est sur la route , dépend de cette Paroisse. On y trouve quelques auberges pour la commodité des voyageurs.

BOISSY.

CE VILLAGE , qui est à 8 à 900 toises sur la gauche de la route , n'offre rien d'avantageux pour les voyageurs. Sa position est dans une plaine sans aucun couvert. L'occupation des habitans est le labourage. La terre y est assez bonne pour la production du bled , qui se vend le plus communément au marché de Crépy en Valois, dont il est de la dépendance , ainsi que de son élection.

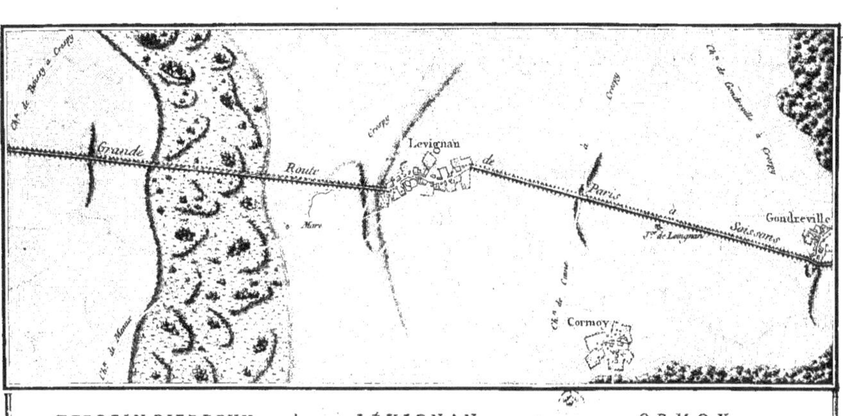

TERREIN PIERREUX.

On trouve à cette hauteur un banc de terrein fabloneux, qui eſt rempli de roches & de productions de terreins incultes. Quoique ce terrein ne paroiſſe pas utile pour l'uſage de la culture, il n'eſt cependant pas à négliger pour la reſſource que l'on peut y avoir. Il y a des grais & des roches qui ſont d'une très-grande utilité pour les grands chemins & pour les routes.

LÉVIGNAN.

Ce Village, qui eſt dans le gouvernement de l'Iſle de France, ainſi que tous ceux ci-devant, eſt bâti tout en longueur. Malgré la ſinuoſité de ſa poſition, on a adapté la route à l'une & l'autre extrémité, pour procurer aux voyageurs les commodités des rafraichiſſemens. Le terrein eſt participant des fables qui ſont près de ce Village, ce qui n'empêche cependant pas les habitans d'être très-actifs & laborieux. Ils ont placé le cimetière à l'entrée du Village, ſans doute pour des raiſons de ſalubrité.

ORMOY.

La situation de ce Village étant près des bois, ne laiſſe pas beaucoup de terrein aux habitans pour leur occupation à la terre, auſſi le Village n'eſt-il pas conſidérable. Une partie s'occupe aux exploitations de cette eſpèce, tandis que l'autre tâche de tirer de la terre ce qu'elle peut rapporter. Ce Village ſe trouve éloigné de la grande route environ de 600 toiſes.

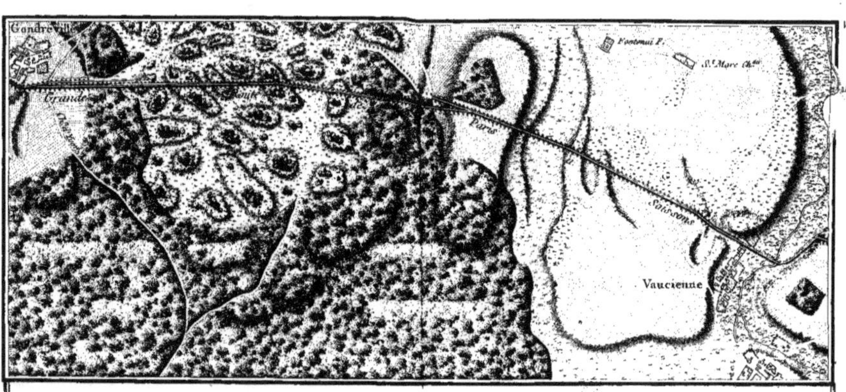

GONDREVILLE ou CONDREVILLE.

Ce Village, qui est du Diocèse de Soissons ainsi que de sa Généralité, n'a rien qui intéresse que sa proximité de la grande Route à laquelle il touche par une de ses extrémités. Sa position à l'entrée des bois le fait ressembler à Ormoi, dont nous venons de parler; aussi cette Paroisse, qui n'a que 40 feux, prouve bien & la petitesse du territoire propre à la culture, & la qualité de la terre. Un peu de prairies qui y sont jointes occupent une partie des Habitans au pâturage.

Ce Village est de l'Election de Crépy, dont il n'est éloigné que de 3000 toises.

FOREST.

Quoique cette Forêt soit regardée comme le commencement de celle de Villers-Coterêts, cependant, à proprement parler, ce n'est pas la véritablement son nom. Il paroît plutôt qu'elle avoit autrefois un nom particulier connu sous celui d'Arguenson ou Narguasson; mais l'usage ayant prévalu, on la considère actuellement comme la Forêt de Villers-Coterêts, à laquelle elle touche.

Il se trouve à la suite de Gondreville un grand emplacement qui est de même nature que celui qui précède Lévignan, ce n'est qu'un terrein sablonneux rempli de roches & de savars; malgré cela, ce sont des ressources pour les grandes Routes, & il seroit à souhaiter que la Nature en présentât de même dans d'autres pays où on manque absolument de ce secours.

VAUCIENNE.

C'est une Paroisse de l'Isle de France, qui est dominée par un coteau peu escarpé. Le Village est absolument au pied de ce coteau & dans des marais, ce qui rend cet endroit absolument aquatique. Il y a cependant un ruisseau qui coule dans ses environs, malgré cela les eaux séjournent & ne peuvent s'étancher; ce qui rend cet endroit peu propre pour la bonne santé. Les Habitans s'occupent, pour la plupart, à la nourriture des bestiaux, ce qui fait à peu près leur produit pour la vie.

Ce Village est dans la Généralité & du Diocèse de Soissons, & de l'Election de Crépy, dont il est à 3800 toises environ. La Cure est à la nomination du Chapitre de Soissons.

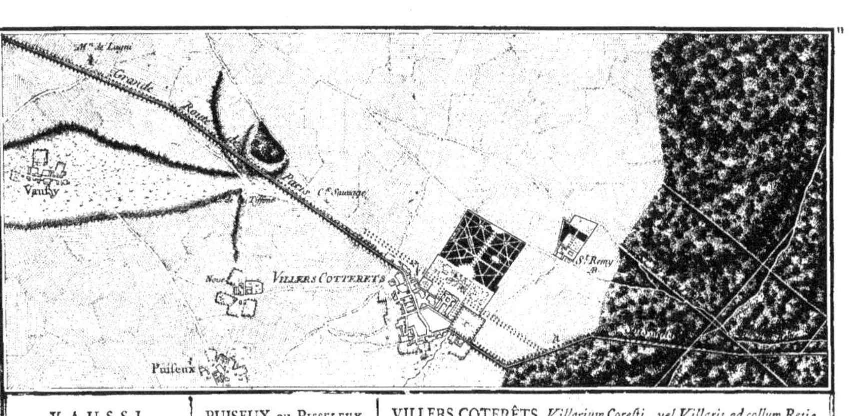

VAUSSI.

Ce Village, qui est dans la Généralité de Soissons, & Élection de Crespy, n'est pas bien considérable. Sa situation est absolument dans les marais, étant entre deux montagnes qui le restreignent; il n'y a pas plus de 50 feux, & les habitans s'occupent aux pâturages de leurs bestiaux. Le plus grand rapport de la terre est en foin,

PUISEUX ou PISSELEUX.

Cette Paroisse, qui n'est qu'à 1500 toises de Villers-Coterêts, est dans une position plus avantageuse que la précédente. Elle est pareillement dans le Valois, & du Gouvernement de l'Isle de France, & enclavée dans la Généralité de Soissons, ainsi que du Diocèse. Son sol est assez propre pour le labour, aussi s'en occupe-t-on spécialement, quoique le nombre des habitans ne soit pas bien considérable, puisqu'il n'y a qu'environ 50 feux; cependant, les terres y sont bien cultivées. La Cure est à la nomination du Chapitre de Soissons.

VILLERS COTERÊTS. *Villarium Coresti, vel Villaris ad collum Retiæ.*

C'est une Ville de Picardie dans l'Isle de France, à 6 lieues de Soissons & de Compiègne, & à 3 de Crespy en Valois. Elle ressortit au Parlement de Paris, & se trouve dans la Généralité de Soissons, & dans l'Élection de Crespy. Sa situation, à côté d'une des plus belles forêts du Royaume, a porté les anciens Ducs de Valois, de la Maison de France, à y bâtir le grand & magnifique Château qui appartient à S. A. S. Monseigneur le Duc d'Orléans, qui ne cesse de l'embellir, & qui en fait ses délices. Cette belle situation a souvent déterminé la Reine Marguerite, Duchesse de Valois, à l'habiter. Son vrai nom est Villers col de Rêts, à cause de la forêt qui porte celui de Rêts, ainsi que le désigne le nom Latin. On y compte plus de 2000 habitans. La bonté naturelle du Prince à qui la Ville appartient, ses vertus de bienfaisance & la splendeur de sa Maison, occasionnèrent, sans doute, cette population dans ce pays, qui n'est pas considérable par lui-même. Il y a à Villers-Coterêts un Bailliage particulier, qui ressortit à Crespy. Son Gouvernement est absolument distinct de celui de l'Isle de France, quoiqu'il y soit enclavé. L'Abbaye régulière de Prémontrés qui y est aujourd'hui, n'a pas toujours été là; son établissement étoit originairement à Clairfontaine, dont elle portoit le nom. En 1661 elle fut transférée de cet endroit, qui est du Diocèse de Laon, à Villers-Coterêts, & on réunit en même-temps la Cure à l'Abbaye.

Hors la Ville, il y a une Abbaye de filles qu'on appelle S. Remy-aux-Nonains. Elle n'est pas considérable. Au sortir de Villers-Coterêts, & à la distance de deux lieues, il y a une autre Abbaye de Prémontrés qui est pareillement en Règle.

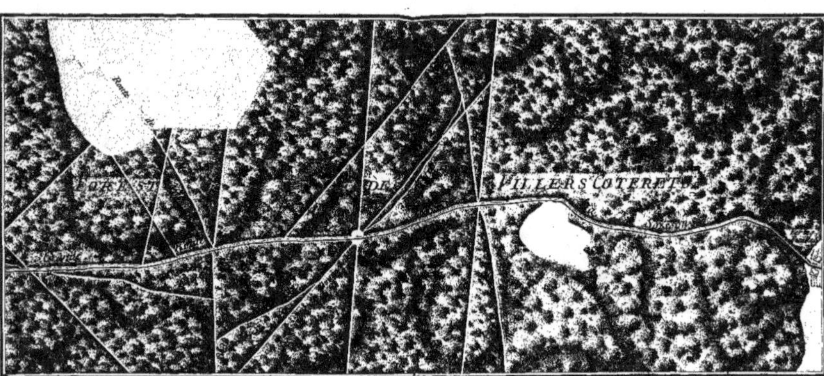

FORÊT DE VILLERS-COTERÊTS.

Cette Forêt est une des plus belles & des mieux routées de la France. Elle est immense, puisqu'elle contient vingt-quatre mille huit cens soixante arpens & quelques perches. Elle portoit dans l'origine le nom de Col-de-rêts, & on a joint ce nom à celui de Villers, qui étoit à sa proximité. Elle servoit autrefois de rendez-vous de chasse à nos Rois, lorsqu'ils chassoient dans celle de Cuise, connue sous le nom de Forêt de Compiègne. Monseigneur le Duc d'Orléans, à qui cette magnifique Forêt appartient, l'a embellie de nouvelles routes, & les a décorées de poteaux indicatifs, pour la facilité de ses chasses & pour la commodité des voyageurs.

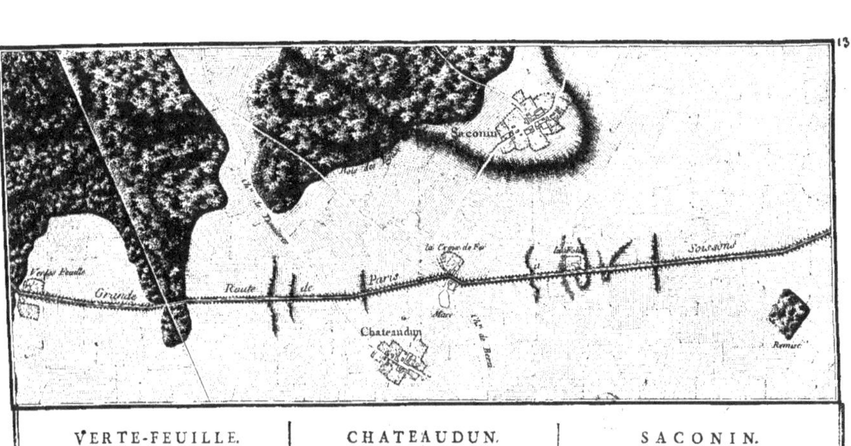

VERTE-FEUILLE.

Au fortir de la Forêt, on trouve la Ferme du nom de *Verte-Feuille*, & en face la Poste.

CHATEAUDUN.

Ce Village, que l'on connoît auffi fous le nom de Chaudun, eft diftant de la grande Route environ de 200 toifes fur la main droite en venant de Villers-Coterêts; il eft du Diocéfe, Généralité & Election de Soiffons & du Gouvernement de l'Ifle de France. Quoique cette Paroiffe ne foit pas bien confidérable puifqu'elle n'eft compofée que de 30 feux, il n'en faut cependant rien inférer de la médiocrité de fon fol. La terre commence à devenir meilleure plus on approche de Soiffons; d'ailleurs fa pofition eft dans une plaine que rien n'incommode pour l'exploitation.

SACONIN.

Cette Paroisse eft tout auffi petite que celle ci-devant. Sa pofition n'eft pas fi avantageufe à caufe de la proximité du bois des Eglifes que ce Village touche; cependant malgré cet inconvénient le fol n'en eft pas mauvais; il feroit à fouhaiter qu'il y eût un peu plus de facilité pour de l'eau, mais étant fur une hauteur, ce fecours lui manque prefque abfolument. Les Habitans, ainfi que ceux du Village voifin, portent leurs productions aux marchés de Soiffons, ainfi que le Fermier du Hameau que l'on appelle la Croix-de-Fer, qui eft précifément fur la grande Route.

Cette Paroiffe eft de la Généralité de Soiffons ainfi que du Diocéfe & de l'Election.

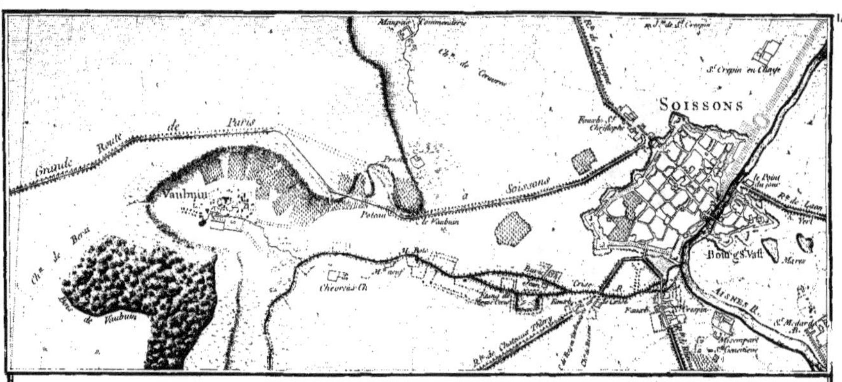

VAUBUIN.

C'EST un Village de la Picardie, situé à côté de la grande Route sur la droite, dont il est éloigné de 500 toises environ. Sa position est un peu aquatique, étant entouré de montagnes presque de tous les côtés, mais heureusement la petite rivière de Crise, qui coule dans les environs, reçoit les eaux des sources qui y sont presque de toute part, & par ce moyen le sol est moins dangereux pour la santé.

Cette Paroisse est du Diocèse, de la Généralité, & de l'Election de Soissons. Les Habitans, toujours attentifs à consulter la nature de travail qu'il faut à la terre pour la faire produire, ont profité de l'exposition méridionale de leur montagne pour y planter de la vigne, & ils font leur principal commerce du vin qu'ils y récoltent; l'endroit, au reste, n'est pas bien considérable, puisqu'il n'y a pas plus de 50 feux.

Dans les différens travaux de terre que les Habitans ont faits, ils ont trouvé beaucoup d'ossemens pétrifiés ainsi que des coquillages.

SOISSONS,

CETTE VILLE est la Capitale d'une petite Province de la France, dite le Soissonnois, qui faisoit autrefois partie de celle de Picardie, mais qui en a été démembrée pour être unie au Gouvernement de l'Isle de France. Elle jouit du titre de Comté depuis plus de 800 ans, & fait partie de l'Appanage de Mgr le Duc d'Orléans, à cause de son Duché de Valois. Soissons est un Siége Episcopal, & son Evêque est le premier Suffragant de l'Archevêché de Reims, & Doyen né de la Province: comme tel, il est en possession de sacrer nos Rois quand le Siége de Reims est vacant; mais comme dans ce cas la Jurisdiction est dévolue au Chapitre Métropolitain, l'Evêque de Soissons ne peut faire, ni la cérémonie du Sacre, ni aucunes fonctions Episcopales ni même Ecclésiastiques dans le Diocèse sans l'autorisation du Chapitre Métropolitain. C'est ce qui a été formellement suivi au Sacre de Louis IX, fait par Jacques Bazoches en 1226; à celui de Philippe le Hardi, par Milon Bazoche en 1272, & à celui de Louis XIV, par Simon le Gras en 1654. M. de Bourdeilles est actuellement Evêque de Soissons. C'est un Prélat dont le zèle & les lumières sont généralement connus.

Soissons est le chef-lieu d'une Intendance considérable, divisée en sept Elections, qui comprennent 1135, tant Villes, Bourgs que Villages. M. Pelletier de Morfontaine en est Intendant. Ce Magistrat est bien capable de peser les avantages que la Ville de Soissons peut retirer de sa position & de la fertilité de son terroir : rien ne peut échapper à sa sagacité & à son amour pour le bien public.

Il y a à Soissons un Collége du titre de S. Nicolas, qui est dirigé & desservi, ainsi que le Séminaire, par des Prêtres de l'Oratoire. Sa première fondation est de Jean Farmoutier, Chanoine de la Cathédrale en 1214. Elle fut augmentée en 1545 par Jean Desmarets. Depuis que Messieurs de l'Oratoire sont à la tête de ce Collége, il en est sorti des sujets dont les Académies & les Sociétés Littéraires se font fait & se font honneur.

Il y a en outre à Soissons une Académie de Belles-Lettres qui distingue cette Ville de bien des autres, Son établissement est de 1674, & Mgr le Duc d'Orléans en est le Protecteur.

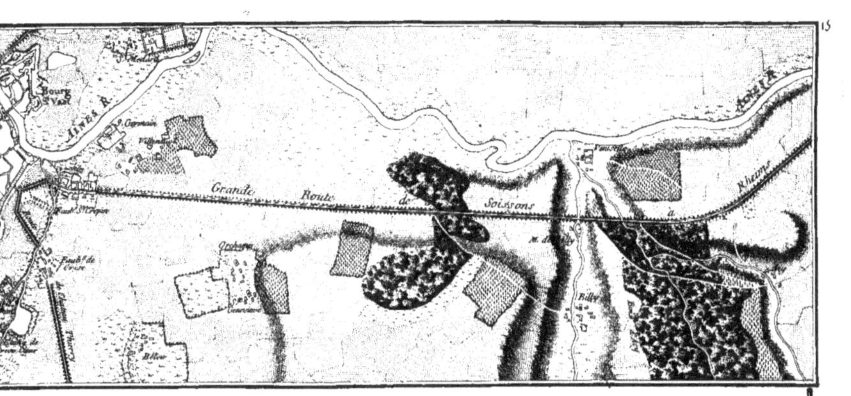

Suite DE SOISSONS.

Au sortir de Soissons, on prend le Fauxbourg de S. Crespin, ainsi appelé, à cause de l'Abbaye de ce nom, qui est desservie par les Bénédictins de la Congrégation de S. Maur.

A 1000 ou 1200 toises de-là, au-dessus de la Rivière d'Aisnes, est cette Abbaye célèbre de S. Médard, qui doit son origine à Clotaire. Ce Prince, qui avoit toujours eu une vénération au S. Évêque de Noyon, conçut le dessein de bâtir une chapelle dans son château de Croüi, ce qu'il exécuta ; & ensuite il fit apporter le corps du S. Prélat, & il y établit des Bénédictins pour y célébrer l'Office auprès de son Tombeau. Clotaire mourut à Compiègne seize ans après cet établissement ; en mourant, il recommanda à son fils Sigebert, les bâtimens qu'il avoit commencés. Il ordonna ensuite que son corps seroit enterré aux pieds du S. Évêque, ce que Sigebert fit exécuter ponctuellement, & même ordonna qu'à sa mort, il seroit enterré à côté de Clotaire, son père.

Près de 300 ans après, l'Église ne pouvant plus contenir l'affluence du peuple qui venoit visiter les cendres du S. Évêque, elle fut aggrandie par la libéralité de Louis-le-Debonnaire : cette Église, digne de la magnificence du Roi qui l'avoit fait bâtir, subsista jusqu'aux guerres de Religion du seizième siècle, & fut détruite par les Calvinistes. Un de ses Abbés commendataires conçut le projet de son rétablissement, il en confia, par malheur, l'exécution à un Architecte calviniste, qui la construisit en façon de Prêche, sans autel ni chapelle. L'Église resta de cette façon jusqu'en 1637, que les Bénédictins de S. Maur, à leur introduction, lui donnèrent une forme plus décente & plus assortie au culte catholique. Hermantrude, fille d'Eude, femme de Charles-le-chauve, a été couronnée Reine à S. Médard. Le Cardinal de Bernis en est actuellement Abbé.

BILLY.

Avant d'arriver à la hauteur de Billy, on rencontre sur la Route une Pépinière que M. l'Intendant y a établie, & qui peut être d'une grande ressource, tant pour la grande Route que pour le Public.

Ensuite on va jusqu'au moulin de Billy, qui dépend du Village de ce nom, lequel est situé sur la droite de la grande Route, & dont il n'est éloigné que de 500 toises. Sa position est dans un marais qui n'est pas intéressant pour la santé, d'autant mieux que la petite Rivière qui passe à travers, reçoit toutes les eaux qui pourroient y séjourner. Il est du Diocèse & de la Généralité de Soissons, ainsi que de son Élection. On y compte 120 feux, ce qui peut équivaloir à 500 habitans.

VENIZELLE.

A l'embouchure, ou plutôt au confluent de la Rivière de Vesle dans l'Aisnes, est posté le petit Village de Venizelle, qui se trouve entouré de prairies de tous côtés ; cependant, malgré sa situation, ceux qui l'habitent ont trouvé que son territoire pouvoit supporter la culture de la vigne. Ainsi, les productions de la terre de cette Paroisse, sont précisément du Diocèse de Soissons, ainsi que de son Élection, & de la même Généralité. Le Village n'est pas bien considérable, puisqu'à peine y compte-t-on 35 feux. Les Chanoines de l'Église de Soissons nomment à la Cure.

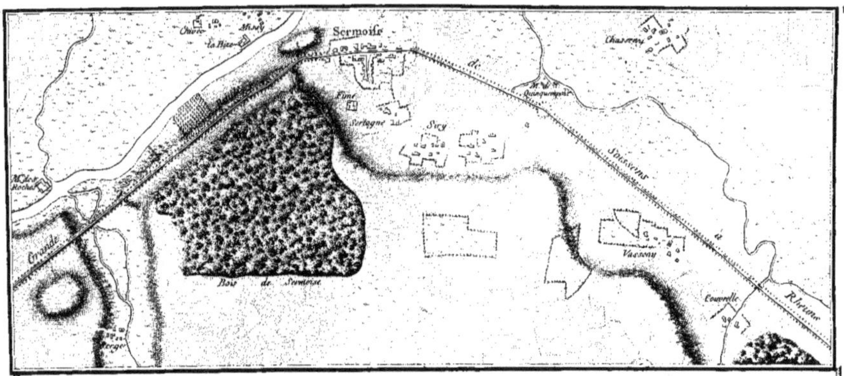

SERMOISE et Environs.

La bonté & la fertilité du terrein qu'arrose la rivière d'Aisne, a fait multiplier les Villages & les habitations le long de son cours. Aussi n'y a-t-il presque pas d'endroit en France où la route soit si diversifiée. L'œil n'a pas le temps de se reposer sur un objet de paysage, qu'il n'en rencontre un autre non moins digne de sa satisfaction. En moins d'une lieue, on trouve, tant sur la route, que de l'un & de l'autre côté, sept à huit Villages. Il est vrai qu'ils ne sont pas tous de la même importance, mais au moins cela annonce que le sol a été considéré comme devant être d'un bon rapport, & c'est en effet une contrée très-fertile, qui est toute du Diocèse & de la Généralité de Soissons, & du Gouvernement de l'Isle de France. M. de Soissons nomme à la Cure de Chassemy.

A la nomination du Chapitre, sont celles de Chivre, Couvrelles, &c.

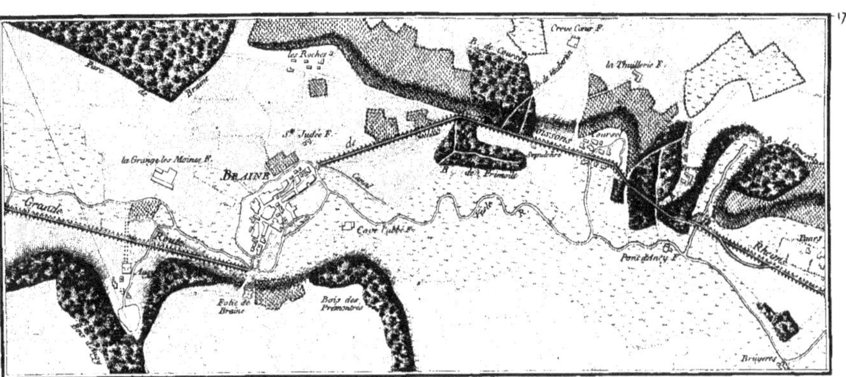

AUGY.

Cette Paroisse, qui se trouve quasi sur la route, n'a rien d'intéressant ; sa position est entre deux montagnes qui sont couronnées de bois, qui appartiennent au Seigneur du lieu.

Dans le rond point que les montagnes font à leur jonction, il y a un étang, dont les eaux, s'écoulant dans la petite rivière de Vesle après avoir traversé le grand chemin, rend l'air de cette Paroisse très-salubre. Il y a un Château dont l'avenue dépasse même la grande Route, & sert beaucoup à son agrément.

Cette Paroisse est de la Généralité de Soissons ainsi que du Diocèse. On y compte environ 40 feux.

BRAINE.

C'est une petite Ville du Soissonnois dans le Diocèse même. Elle est située sur la rivière de Vesle, à la distance de 3 lieues de Fismes. Cette Ville est chef d'un Comté connu il y a plus de 600 ans. Il est aujourd'hui annexe du Duché de Valois, ayant cependant son Comté particulier, dont les Vassaux ont été tout à la fois Vassaux des Comtes & Pairs de Champagne. Quoique les Fiefs de Braine & de Roucy fussent tenus de l'Eglise de Reims, celui de Braine en a toujours été regardé comme indépendant.

Il y a dans cette Ville une Abbaye de Prémontrés, dont l'Eglise a pour titre S. Yved, qui a été Evêque de Rouen; il y a en outre à Braine un Prieuré simple de l'Ordre de Clugni, comme membre dépendant de la Charité-sur-Loire. La Paroisse est sous l'invocation de S. Nicolas.

Près la Porte de la Ville, dite de Châtillon, il y a une fontaine d'eaux minérales ferrugineuses, semblables à celles de Passy, près Paris. Il y a un château considérable appartenant à Madame d'Egmont, dont les jardins sont d'autant plus agréables, qu'ils ne sont fermés que par la rivière de Vesle qui serpente autour & leur sert de clôture.

COURSEL.

Quoique la situation de cette Paroisse soit auprès d'un des bras de la rivière de Vesle, cependant les Habitans ont considéré que la montagne qui les domine pouvoit être d'une grande ressource pour leur subsistance ; ils ont planté de la vigne sur l'une & l'autre pente de cette montagne, & le succès a favorisé leurs travaux. Il peut y avoir dans ce Village une 60e de feux, & les Habitans s'occupent utilement à la vigne & aux prairies qui sont de l'autre côté du grand chemin.

Cette Paroisse est du Diocèse & de la Généralité de Soissons.

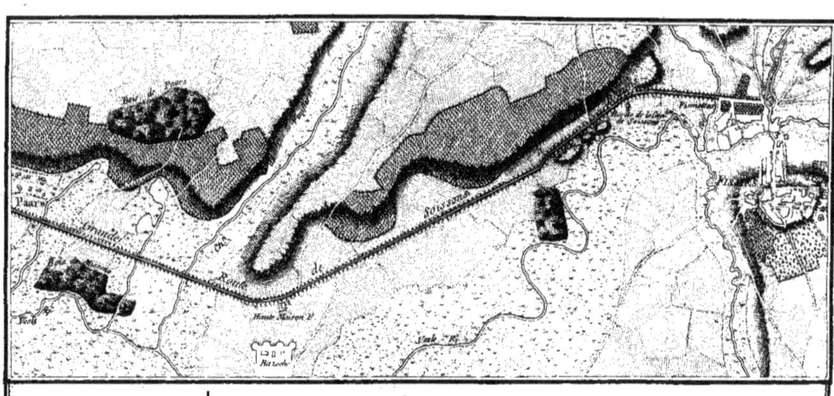

PAARS.

Ce Village réunit dans son territoire tous les objets utiles à la vie. Les
terres qui sont sur le plateau de la
montagne, qui le domine sur la partie
gauche, sont très-propres pour le rapport du grain. L'industrie des habitans les a fait profiter des parties où la
montagne peut souffrir de la vigne
pour en planter, & la nature du vin
n'en est pas mauvaise. Il y a aussi des
parties de bois qui peuvent leur être
d'un grand secours. Ensorte qu'on
trouve dans cette Paroisse tout ce
qu'on peut considérer comme utile à
la vie.

Paars est du Diocèse de Soissons &
de la Généralité.

BAZOCHE.

Quoique je ne dise rien de particulier, faute de mémoires sur cet objet;
cependant il faut l'envisager comme
assez considérable, vu qu'il donne son
nom à un Doyenné du Diocèse de
Soissons; il est le dernier de cette Généralité relativement à la grande Route.
La Cure est à la nomination des Chanoines de la seconde classe du Chapitre
de Soissons.

FISMES.

C'est une petite Ville de la Champagne sur la rivière de Vesle. Elle est du Diocèse
de Reims & de la Généralité de Châlons. Elle n'est éloignée de Reims que de six lieues,
aux confins de celui de Soissons. Malgré l'ancienneté de cette petite Ville, elle n'a eu
jusqu'à ce jour rien de remarquable que deux Conciles qui y ont été tenus dans l'Eglise
du lieu, du titre de Sainte Macre, l'un le 2 Avril 881, auquel présida Hincmar, & le
second en 935; mais le choix que Sa Majesté Louis XVI vient de faire de cette
Ville pour y coucher, à l'exemple de son illustre Ayeul allant à Reims pour s'y faire
sacrer, sera à jamais pour elle une époque glorieuse & remarquable que ses habitans
auront soin de transmettre aux races futures.

On assure qu'il y a auprès de Fismes une borne qui sert de limite aux Diocèses de
Reims, Laon & Soissons. Dans le temps que la Monarchie Françoise étoit divisée en
quatre Royaumes, Fismes servoit de limites à celui de Soissons. Il est donc tout na-
turel d'envisager l'étimologie de Fismes comme venant de *Fines*; dans l'itinéraire d'An-
tonin, Valois veut que *Fines* ait fait naître celui de *Fima*, qui est un commencement
d'altération.

Fismes étoit de l'ancien domaine de l'Eglise de Reims, & les Archevêques l'aliénèrent
avec Epernay en faveur des Comtes de Champagne, qui leur en ont fait hommage
jusqu'à ce qu'il ait été réuni à la Couronne. Alors les Rois mirent la Prévôté de Fismes
sous le Bailliage de Vitri, mais quant à la Justice ordinaire & la Seigneurie utile de
la Ville, elle appartient à la Communauté des habitans.

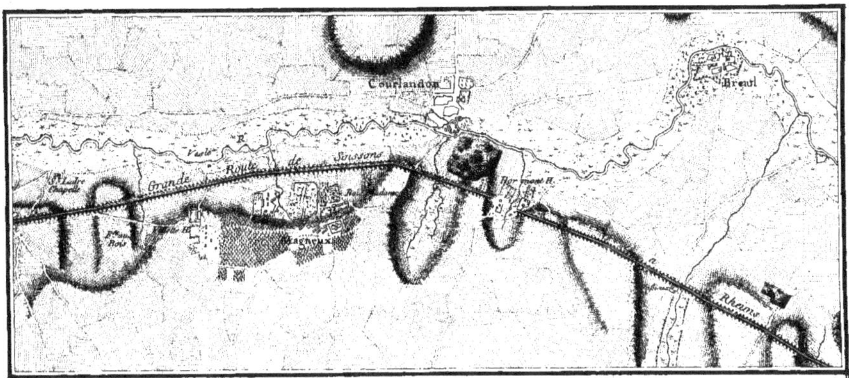

MAGNEUX.

Cette Paroisse commence à se ressentir du sol de la Champagne. Les Habitans ont profité de leur situation pour planter de la vigne, dont le vin, sans avoir de ces qualités supérieures, devient cependant d'une très-grande utilité pour le pays. Il n'y a rien en outre qui puisse intéresser la curiosité du voyageur.

Il est du Diocèse de Reims & de la Généralité de Châlons. Le nombre des Habitans peut monter à 350.

COURLANDON.

La plus grande production de ce Village, ce sont les foins. La rivière de Vesle, qui parcourt une étendue très-considérable de terrein depuis Reims jusqu'à son embouchure dans l'Aisne, laisse un espace important sur ses deux bords propre pour les foins; ce qui est d'une grande ressource pour divers approvisionnemens en cette espèce, & dédommage les propriétaires des autres productions dont ils sont privés.

Ce Village n'est pas considérable. La rivière de Vesle forme dans cet endroit une espèce d'Isle qui se trouve habitée. La singularité de cette position a porté à y bâtir ces habitations. Courlandon est pareillement du Diocèse de Reims & de la Généralité de Châlons.

BREUIL.

Ce Village se trouve précisément dans le rond point que la rivière de Vesle décrit dans cet endroit. Quoique les bords de cette rivière soient en général garnis de pâturages, cependant celui-ci a la ressource des autres cantons; c'est-à-dire que les habitans peuvent joindre au corps de leurs occupations celui de la culture des autres productions de la terre. Cette Paroisse, qui n'est pas fort peuplée, est du Diocèse de Reims & de la Généralité de Châlons.

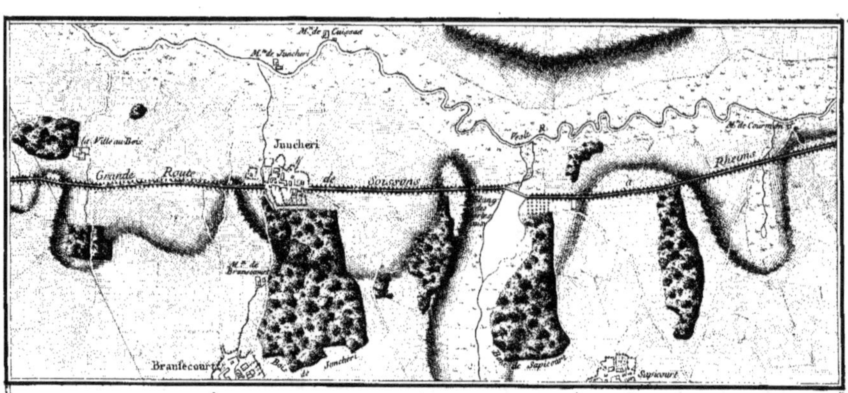

BRANSECOURT.

C'est un Village de la Généralité de Châlons, & du Diocèfe de Reims, à une demi-lieue de la grande Route; il fe trouve un peu au-deffus d'une petite éminence qui circule le long de la Route, ce qui rend fa pofition affez gracieufe. Le petit Ruiffeau qui a fon origine un peu plus haut, le traverfe, & va faire tourner le moulin du lieu, qui n'eft pas éloigné; & après avoir paffé Juncheri à fon entrée, il va fe jeter dans la Rivière de Vefle, un peu plus bas que celui de Juncheri. Ce Village eft un peu au-deffous du bois de Juncheri, qui lui eft d'une grande utilité. Le nombre des habitans peut monter à 350.

JUNCHERI.

Ce Village fe reffent encore, pour le fol de fon territoire, des influences de la Rivière de Vefle, c'eft-à-dire, qu'il n'a point l'efpèce d'aridité pour la terre, qui règne fur le terroir Rémois. La grande Route qui paffe à travers, facilite aux voyageurs les moyens de quelque repos, s'ils en ont befoin.

On y trouve la Pofte, qui eft la dernière jufqu'à Reims.

Il eft de la Généralité de Châlons, & du Diocèfe de Reims. On y compte plus de 80 feux.

ÉTANG DES MORTES-EAUX.

Cet Étang eft formé par un petit Ruiffeau qui vient de Branfecourt, & des eaux que la pofition des deux montagnes y conduifent naturellement. Comme ces eaux ne font pas bien confidérables, il arrive quelquefois que dans des années fèches, il fe trouve un peu deffèché, c'eft ce qui lui a fait donner le nom de *Mortes-Eaux*. A l'occafion du paffage du Roi, on vient de faire des travaux pour confolider davantage la levée qui donne fur la grande Route, afin de la rendre plus folide, & pour ôter tout fujet de crainte.

SAPICOURT.

C'est une Paroiffe qui eft à un quart de lieue de la grande Route, entre deux bois qui en dépendent. Elle eft du Diocèfe de Reims, & de la Généralité de Châlons. Elle contient environ 60 feux.

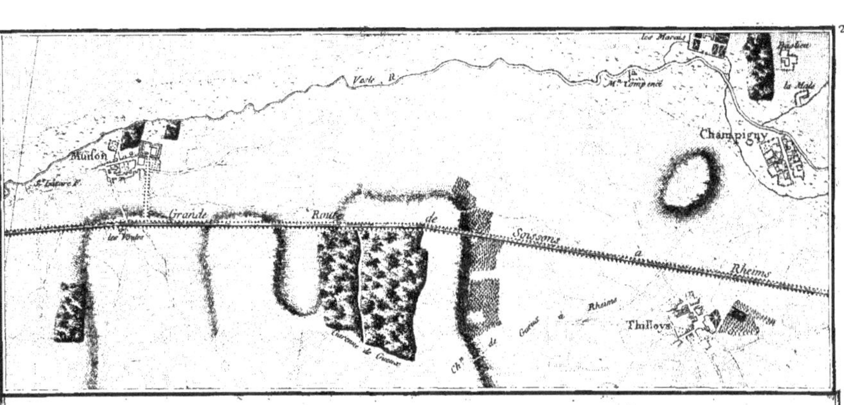

MUISON.

Est dans la même position que tous les Villages dont nous avons rendu compte, & qui sont sur les bords de la Vesle, à l'exception que celui-ci, comme ceux qui suivront, sont décorés de châteaux & de maisons de campagne, comme le font les Villages qui avoisinent les grandes Villes. Le château de Muison annonce assez que cet endroit est plus important que les précédens. Cette observation m'engageroit à croire que la présence des Seigneurs dans leurs possessions, est un motif d'augmentation pour l'émulation & pour la population. Muison est du Diocèse de Reims, & de la Généralité de Châlons.

Garenne de Gueux.

Cette Garenne dépend du Village de Gueux; le Seigneur de ce lieu est dans l'usage de présenter au Roi une colation sur la grande Route, lorsqu'il va à Reims s'y faire sacrer. On prétend qu'il a soin de conserver cet honneur par un acte qu'il fait dresser ; & que s'il a un fils, il a le droit de prétendre à celui de servir Sa Majesté, qui le reçoit au nombre de ses Pages ; on croit, toutefois, que ce ne peut être que quand ce Seigneur est de noble extraction, car il arrive souvent qu'un Seigneur de Village n'est pas noble ; la seigneurie d'un lieu ne donne pas la noblesse.

THILLÓYS.

Ce Village est sur le bord de la grande Route, & à très-peu de distance. Il se ressent du sol qui règne sur la partie droite de cette grande Route, la terre étant propre pour la culture de la vigne. Il y a quelques maisons appartenantes à des bourgeois de Reims, pour servir à leurs délassemens, quand le temps le leur permet. Cette Paroisse est du Diocèse de Reims, & de la Généralité de Châlons.

CHAMPIGNY.

Ce Village est le dernier que l'on apperçoit sur la partie droite de la Vesle. La fertilité de son terroir a fait bâtir quelques fermes dans les environs & de l'autre côté de la Vesle. Il y a un château, dit le Marais, qui paroît important, & qui annonce que le voisinage de Reims est riant de ce côté. Champigny est du Diocèse de Reims, & de la Généralité de Châlons.

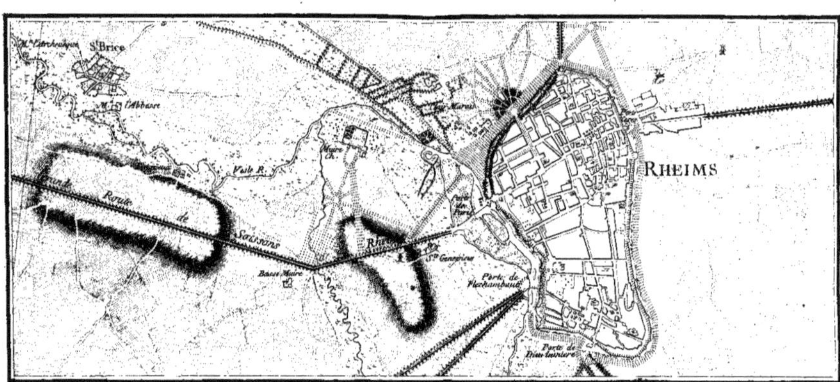

S. BRICE.

C'est le dernier Village que l'on apperçoit sur la gauche de la Veſle, en venant de Paris à Reims ; il est comme entouré d'une branche de cette rivière, qui l'enveloppe preſque au ſortir de Reims. La proximité de la Ville, & le deſir de ſe rendre utile au public, ont déterminé différens propriétaires des bords de la rivière à y faire conſtruire des moulins qui ſont d'une grande reſſource pour la Ville de Reims. Les noms qu'ils portent déſignent ſuffiſamment ceux à qui ils appartiennent.

Ce Village qui eſt du Diocèſe de Reims & de la Généralité de Châlons, n'eſt pas d'une grande étendue.

R E I M S.

Les Antiquités, les reſtes des différens monumens, les dénominations même de quelques-unes de ſes portes ; tout annonce l'ancienneté de cette grande Ville. Elle eſt ſituée dans une plaine agréable, que la rivière de Veſle arroſe, ſur-tout du côté de la porte de Paris. C'eſt ſa ſituation qui l'a fait appeler anciennement *Durocoſtorum*, mot Celtique, ſignifiant Ville ou Château, bâti ſur une rivière auprès d'une montagne. Telle eſt celle de Reims, bâtie ſur la Veſle, auprès de la montagne de S. Thierry.

Dès ſon origine, Reims étoit regardé comme la Capitale de la Gaule Belgique. Il paroît que le Chriſtianiſme y étoit déjà établi, avant que S. Sixte & S. Cinice, qu'on regarde comme ſes premiers Evêques, y fixaſſent leur ſiége, puiſqu'en 188 S. Thimothée & ſes Compagnons y avoient ſouffert le martyre. Si Reims eſt ſi célèbre par ſon antiquité, il ne l'eſt pas moins par le Baptême de Clovis, que S. Remi, quinzième ſucceſſeur de S. Sixte, lui adminiſtra le jour de Noël 496, après l'avoir inſtruit des vérités du Chriſtianiſme ; &, à l'exemple de Saül, il le ſacra Roi, avec l'huile d'une phiole que l'hiſtoire nous dit être venue miraculeuſement du Ciel pour cet objet ; l'exemple du Roi fut imité dans preſque tout le Royaume. Ce ſaint Evêque mourut au mois de Janvier vers l'an 533, & l'on conſerve ſon corps tout entier dans l'Abbaye de ſon nom, dans une châſſe qu'un Prieur de l'ancienne Obſervance de S. Benoît, & les Bénédictins de S. Maur, qui y ſont aujourd'hui, ont fait faire à leurs dépens. Depuis le couronnement de Louis VII, dit le Jeune, fait à Reims, tous les Rois ſes ſucceſſeurs y ont été ſacrés, ſi on en excepte Henri IV, lequel, à cauſe des circonſtances du commencement de ſon règne, fut ſacré à Chartres avec une huile ſainte que l'on conſerve à Marmoutiers.

L'Egliſe de Reims eſt, ſans contredit, le ſiége Archiépiſcopal le plus beau & le plus illuſtré du Royaume. Son Prélat jouit des titres de premier Duc & Pair Eccléſiaſtique ; il eſt Primat de la Gaule Belgique, & Légat-né du Saint Siége. Depuis S. Sixte, juſqu'à Mgr de la Roche-Aimon, aujourd'hui gouvernant le Diocèſe, on compte 95 Prélats. L'Egliſe Métropolitaine eſt d'un Gothique admirable ; ſon portail a de tout tems mérité l'attention des curieux. L'intérieur de cette grande Egliſe a été décoré par un Jean Godinot, qui en étoit Chanoine, lequel ſacrifia des ſommes immenſes, tant aux embelliſſemens de cette Egliſe, qu'aux fontaines de la Ville, pour y faire venir des eaux ſalubres, dont Reims manquoit abſolument. Le Chapitre eſt très nombreux. Il y a à Reims deux Abbayes célèbres de Bénédictins de la Congrégation de S. Maur ; l'une eſt S. Remi, & l'autre S. Nicaiſe. C'eſt dans l'Egliſe de la première de ces Abbayes qu'eſt dépoſée l'Huile ſainte qui ſert à ſacrer nos Rois. Elle eſt conſervée dans le tombeau de S. Remi même. Le triſte accident arrivé l'année dernière aux bâtimens & au logement des Bénédictins, fera à jamais regretter la perte irréparable qu'ils ont faite ; c'eſt celle de la Bibliothèque, qui renfermoit des manuſcrits précieux, & qui ont été, ainſi que le reſte des bâtimens, la proie des flammes. L'Abbaye de S. Nicaiſe eſt digne de l'attention particulière des voyageurs. L'Egliſe doit ſes réparations & ſes embelliſſemens à D. Doulcet, qui en a été Procureur. Dans cette Egliſe, il y a un pilier qui eſt ſenſiblement agité, lorſque l'on ſonne une certaine cloche à la tour. Dans la nef, on voit le tombeau de Jovien, que l'on regarde comme l'un des Fondateurs de cette Egliſe. Il avoit été Préfet de la Milice Romaine dans les Gaules, vers l'an 340. La Bibliothèque de cette Abbaye eſt fort belle. Il y a encore d'autres Abbayes célèbres dans Reims, qu'on ne peut inſérer ici, à cauſe des bornes de cette notice. Reims eſt un Préſidial célèbre. Il y a Univerſité, qui a été fondée en 1547. Cette Ville, toujours attachée à ſes Rois, a donné un témoignage de ſon amour au Prédéceſſeur de Sa Majeſté, en faiſant ériger une Statue pédeſtre à ſa ſoite. Elle eſt de M. Pigalle, qui en a fait les deſſins, & qui a indiqué les décorations dont cette Ville eſt ſuſceptible.

ENTRÉE DU ROY À REIMS.
Le Roy, apres avoir reçu les Hommages des Officiers Municipaux
de la Ville de Reims, y fait son Entrée, vêtu et monté sur un Char
le quel est trainé par un quadrige, conduit par deux Pages.
La Religion l'accompagne, et lui montre le Temple où il va être Couronné.
La Bonté, et l'Equité, Vertus qui caracterisent l'amour du Roy pour
son Peuple, ont à sa suite Des Amours habillés qui portent
la Couronne et les autres Ornemens de la Royauté.

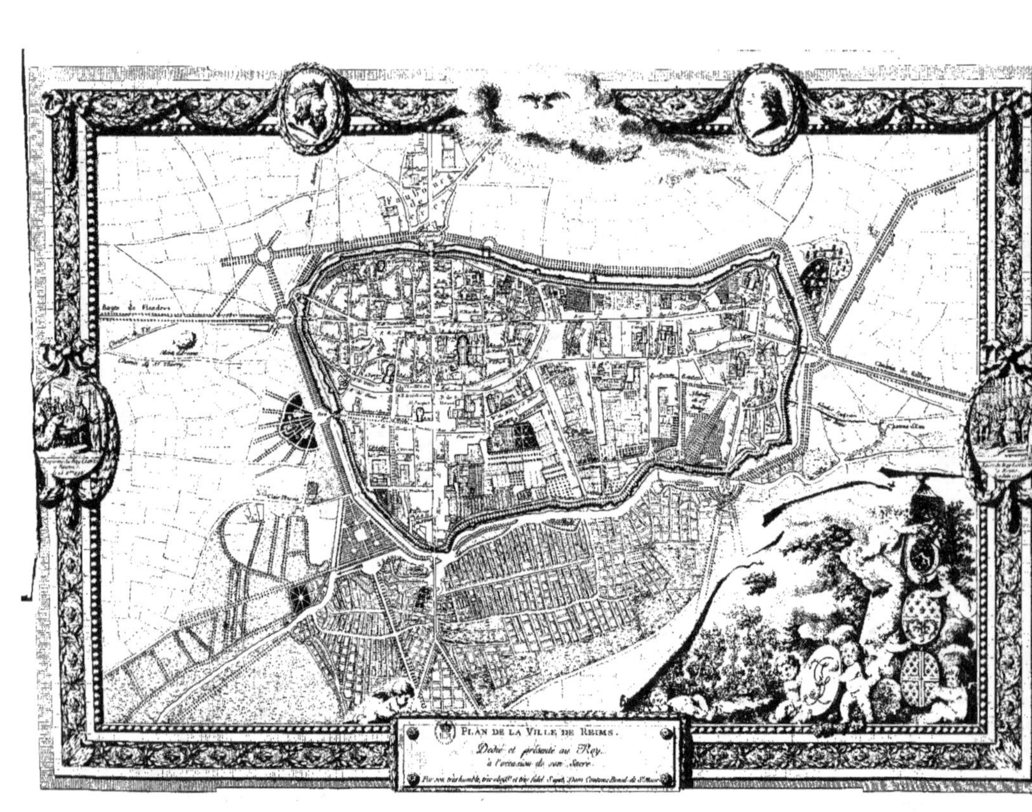

PLAN DE LA VILLE DE REIMS.
Dedié et présenté au Roy,
à l'occasion de son Sacre.
Par son très humble, très obeïss.t et très fidel Sujets, Dom Coutans Benet de S.t Maur